ZWISCHENRÄUME – INSELTRÄUME

Meiner Familie und meinen Freunden gewidmet

Auf dem Blatte die Bilanz
schafft dem Geiste die Distanz,
sich zu befreien, sich zu erneuern,
sich mit Veränderung zu befeuern.

(Helga Henske)

Helga Henske

....

ZWISCHENRÄUME – INSELTRÄUME

Herzenslyrik

Impressum:

© 2013 Helga Henske

Autorin: Helga Henske
Umschlagbild: © Iakov Kalinin – Fotolia.com
Lektorat: Franziska Lantz

Verlag: tredition GmbH, Hamburg
ISBN: 978-3-8495-6879-5
Printed in Germany

Das Werk, einschließlich seiner Teile, ist urheberrechtlich geschützt. Jede Verwertung ist ohne Zustimmung des Verlages und des Autors unzulässig. Dies gilt insbesondere für die elektronische oder sonstige Vervielfältigung, Übersetzung, Verbreitung und öffentliche Zugänglichmachung.

Bibliografische Information der Deutschen Nationalbibliothek: Die Deutsche Nationalbibliothek verzeichnet diese Publikation in der Deutschen Nationalbibliografie; detaillierte bibliografische Daten sind im Internet über http://dnb.d-nb.de abrufbar:

Inhalt

Kapitel 1 - Zwischenräume   9

Zur Geburt eines Kindes	11
Geburtstagswünsche	12
Wünsche	13
Wunden	14
Winter in Japan	15
Worte	16
Wohin soll ich mich retten?	17
Weißer Schnee	18
Was wird von uns bleiben?	19
Vielfalt der Gedanken	20
Vertan - verlorene Worte	21
Überwundene Traurigkeit	22
Überwundene Depression	23
Übergewicht	24
Tu es!	25
Traumschale	26
Tränen	27
Tagtraum	28
Bergwerk meiner Seele	29
Sonnenfinsternis der Seele	30
Sonne, Mond und Sterne	31
Seelengewitter	32
Meine Seele - ein Vogel	33
Pandoras Büchse	34
Nebelschwaden	35
Nachtschatten	36
Menschenhandel	37
Liebesgedicht	38

Lieben	39
Lebensreise	40
Kein Weg zueinander	41
Gebet	42
Keller der Seele	43
Kampf	44
Ich und du	45
Hochzeit	46
Herzkrank	47
Herr, gib	48
Gold und Silber	49
Grenze	50
Gedenktag - 11. September 2001	51
Fundstücke	52
Essstörung	53
Es ist alles in dir	54
Erinnerung	55
Einsamkeit	56
Distanz	57
Die vier Elemente	58
Die Kälte	59
Der Schmerz (Ballade)	60
Der Narr	62
Der Mond	63
Depression - Aggression - Invasion - Frieden	64
Der Augenblick des Glücks	65
Der Akku	66
Das schwarze Schaf	67
Das schwarze Loch	68
Das Labyrinth	69
Das Haus	70
Blicke, Worte, Arme	71
Begegnung	72
Aufbegehren	73
Arten der Liebe	74

Angst	75
An die Sterbenden, Toten	76
Alptraum	77
Alkoholismus	78
Abzählreim I	79
Abgang von der Bühne	80

Kapitel 2 - Inselträume 81

Morgen am Meer	83
Wind und Wellen	84
Am Meer	85
Auf den Wellen	86
Beladene Schiffe	87
Das Meer und ich	88
Die Flut spuckt auf den Strand	89
Die Brücke	90
Ebbe und Flut	91
Haus am Meer	92
Jugenderinnerung	93
Juist	94
Spaziergang am Meer	95
Gefühle – Erregung	96
Meer, Luft, Erde, Feuer	97
Strandimpressionen	98
An der See	99
An der See riecht	100
Auf der Insel	101
Das Wasser hat Sterne vom Himmel geholt	102

Kapitel 1 – Zwischenräume

Zur Geburt eines Kindes

Willkommen unschuldiger Stern,
der du vom Himmel gefallen.
du trägst die Liebe im Kern,
deren Töne in uns widerhallen.

Willkommen kleines Kind,
einzig in Wesen und Gestalt,
grünende Birke im Wind,
Licht im Menschen-Dschungel-Wald.

Willkommen scheues Wesen,
das eintritt in unsere Welt,
bist edel, auserlesen,
hast unser Leben erhellt.

Geburtstagswünsche

Ich wünsche dir Augen, die dich sehen,
Ohren, die erhören dein Flehen,
Menschen, die dich verstehen,
deren Gedanken sich um dich drehen.

Ich wünsche dir einen freien Geist,
eine Kraft, die deine Seele speist,
eine Liebe, die dich hält und trägt,
ein Gefühl, das dein Innerstes bewegt.

Ich wünsche dir einen lauen Wind,
der über dich streicht,
einen Menschen, der nicht von deiner Seite weicht.
Ich wünsche dir, dass du lebendig bist
und dich selber nicht vergisst.

Wünsche

Gebt mir ein drittes Bein,
zu finden einen Halt,
einen dritten Arm,
zu begegnen der Gewalt!

Gebt mir ein drittes Auge,
um immer klar zu sehen,
drei Ohren,
die erhören mein Flehen!

Gebt mir ein zweites Herz,
weil das erste sehr verletzt,
einen langen Atem,
weil meiner abgehetzt!

Gebt!
Nein!
Lasst mich bleiben,
wie ich bin,
denn mein Leben
hat seinen Sinn.

Wunden

Wunden auf der Seele,
eingebrannt, geätzt,
schnüren dir zu die Kehle,
tausendfach verletzt.

Narben, die schlecht heilen,
brennen, platzen auf;
sie in dir verweilen –
giftiger Verlauf.

Wunden neu verbunden –
Balsam auf das Herz.
Leben neu empfunden.
Welch´ himmlische Terz!

Winter in Japan

Auf den Schwingen der Schwäne
der Schnee, die Kälte, das Eis,
des Winters frostige Mähne
als Frühlings-Zauberkreis.

Die Balz – ein Tanz luft´ger Schleier,
losgelöster, entfesselter Traum,
schwebende, zuckende Federfeier
im Erdluft-Zwischenraum.

Worte

Worte angehört,
Verletzung – empört,
Verbindung gestört,
Stillstand zerstört,
Veränderung betört.

Wohin soll ich mich retten?

Wohin soll ich mich retten?
Mit glühenden Ketten
Eisblumen mich umranken,
die früher Liebe tranken.

Tränen – weinende Blüten
in mir trauern, wüten.
Fließend, reißende Bäche
machen zur Kraft die Schwäche.

Wasser treibt die Stärke an,
benässt, lässt sie grünen, blüh´n.
Wer da früher Untertan,
keimt, sprießt, wächst empor ganz kühn.

Weißer Schnee

Weißer Schnee,
du saugst aus das Blut,
wünscht dir von der Fee
den Lebens-Zauberhut.

Weißer Schnee,
du gaukelst Träume,
grünen Klee –
Wahrheitsschäume.

Was wird von uns bleiben?

Was wird von uns bleiben,
wenn hinter den Scheiben,
der Tag wird zur Nacht?

Werden wir uns wandeln,
ändern unser Handeln
mit leichter, neuer Fracht?

Werden wir finden
in fernen Abgründen
einen Geist – Lichter – Schacht?

Gibt´s ein Weiterleben,
Schweben, Sich-Erheben,
sind wir in Bann und Acht?

Dürfen wir erhoffen,
wenn Grabestüren offen,
Liebe vertausendfacht?

Vielfalt der Gedanken

Vielfalt der Gedanken,
Fülle der Schritte,
die Mitte umranken,
sind Du-Übertritte.

Schweigen und reden
mit rechtem Maß,
zur Klarheit sich neigen –
gesponnenes Glas.

Vertan – verlorene Worte

Ach, nie kann ich zurücknehmen
jene Frucht, jenes Wort,
das ich dir leichtfertig zuwarf.

Du fingst es auf,
es begann in dir zu gären,
begann dich langsam zu töten.

Ach, hätte ich es doch getan,
wäre mutig gewesen,
hätte nicht geschwiegen,
hätte die richtigen Fragen gestellt.

Es wäre ein Anfang gewesen –
jene Brücke des Wortes:
Ich hätte dir einfach zugehört,
nachdem du begonnen hast zu reden.

Überwundene Traurigkeit

Meine Traurigkeit hat Flügel,
stößt sich ab von ihrem Nest.
Mit eisernem Zügel
hielt die Seele sie fest.

Mit ausladenden Schwingen
zieht sie ihre Bahnen,
kann in Sphären dringen,
Fröhlichkeit erahnen.

Leichter wird alles Schwere
nach abgeworf´ner Last.
Zur Fülle wird die Leere.
Ade, mein Trauergast!

Überwundene Depression

Liebe, Freude überfluten
der Depression Schwelle.
Was man gezahlt an Tributen,
hier ist des Lichtes Geselle.

Sichtbar wird fruchtbares Land,
das lange brach gelegen,
für die Zukunft Unterpfand,
um Neues zu bewegen.

Übergewicht

Viele Schichten
mich erwärmen,
mich abdichten –
Körperthermen.

Kampf gegen Kälte
außen und innen.
Eine Axt mich fällte.
Gibt´s ein Entrinnen?

Aufersteh´n in andrer Form
nach Eis und Frost –
jenseits der Norm.

Tu es!

Tu den ersten Schritt!
Geh´ dem anderen entgegen!
Du weißt, wie er litt,
sei kühn und verwegen!

Sag´ ein liebes Wort,
das sanft ihn streichelt.
Die Schmerzen sind fort,
Güte ihm schmeichelt.

Traumschale

In die Traumschale
ich male
der Erinnerung Blatt,
Gedanken, die matt
bilden einen Kreis,
Töne als Beweis
für ein Lebenslied –
Auferstehen – Abschied.

In der Traumschale
eine Spirale
die Mitte umweht.
Eine Säule steht
im Dom der Wonne
als Lebenssonne.

Tränen

Tränen aus Kristall,
nie geweint,
weil versteint.

Töne wie Perlen,
nie gehört,
weil zerstört.

Tagtraum

Es spiegelt sich im Wasser
des Tages Traum-Ich,
ein unbewusster blasser
Gedanken-Bogen-Strich.

Wellen, Kreise sich teilen,
fließen, ergießen sich tausendfach,
der Zeit, dem Raum enteilen
als reißender Strom oder Bach.

Aufgelöst in bunten Bilder
zieht Vergangenes vorbei,
die Hitze und Kälte mildern –
diese Tag-Träumerei.

Bergwerk meiner Seele

Steig´ in das Bergwerk meiner Seele
hinein durch einen engen Schacht.
Du durchwanderst ´s,
aber bitte stehle
nicht das Erz der Liebesnacht.

Die Eisringe von meinem Herzen
werden durch dich aufgetaut.
Einen Schatz von tausend Sesterzen
hab´ ich dir zögernd anvertraut.

Das Aufgetaute, Kalte, Kühle
speist immerfort den Liebesquell´
des Lebens neue Kraft ich fühle,
ich flieg´ in einem Kettenkarussell.

Sonnenfinsternis der Seele

Sonnenfinsternis der Seele –
der Mond dein steter Gast.
Ich dich bitte, dir befehle,
versink im Wolkenpalast!

Sichel zieh weiter deine Bahnen,
du störst der Zeiten Lauf!
Komm her du Lichterkahn!
Heb mich aus deiner Tauf!

Beträufle mich mit Sternenglanz,
mit gold´nem Sonnenstrahl,
reih mich ein in den Himmelstanz
im Liebes-Freudensaal!

Sonne, Mond und Sterne

Pflück dir vom Himmel die Sterne,
die strahlenden Blumen der Nacht,
dass Leid und Angst sich entferne,
sich das Feuer deiner Träume entfacht.

Brich ab der Sonne Strahlen,
und trage sie in dein Haus,
das sie auf deiner Seele malen
einen bunten Lebensstrauß.

Des Mondes Sichel sei dir Wiege,
die dich sanft schaukelt im Wind,
sie dir zufächelt meist Siege,
die mal groß sind
und mal lind.

Seelengewitter

Der Seele Gewitter
will sich entladen,
empfangene Splitter –
ein Feuerfaden,
der langsam schwelend
sich weiterfrisst,
das Ziel nicht verfehlend –
ein Krankheits-Artist.

Meine Seele – ein Vogel

Meine Seele – ein Vogel
sitzt hoch oben im Geäst,
breitet aus ihre Flügel,
stößt sich ab von ihrem Nest.

In die Lüfte sich erhebend,
fühlt sie sich frei und schwerelos.
Nicht mehr am Boden klebend,
ist der Himmel nun ihr Schoß.

Pandoras Büchse

Es tut sich auf
Pandoras Büchse,
Wünsche werden erfüllt.
Es nimmt ihren Lauf
die Jagd der Füchse,
das Dahinter sich enthüllt.

Uns treibt um
ein Begehren,
füllt aus das Vakuum.
Liebe könnte uns Frieden lehren,
keine Fragen,
kein Warum.

Nebelschwaden

Durch die Nebelschwaden
will ich seh´n das Land,
will den Geist aufladen,
spüren den Widerstand.

Landen an einem Ufer,
ankommen an einem Ziel,
ist Einsamkeit ein Rufer,
ein Halt und Lebensstiel.

Nachtschatten

Nachts deine Schatten dich erreichen,
nehmen dich total in Besitz;
sie Verkrustetes aufweichen –
des Unbewussten schmaler Schlitz.

Lange waren sie zurückgedrängt,
nun schweben sie frei im Raum.
Was in Seelentiefen versprengt –
losgelöster Lebenstraum.

Menschenhandel

Kleine Worte,
kurze Sätze,
karge Orte,
Menschennetze.

Hunger leiden,
Kind verkaufen,
sich entkleiden
und verlaufen.

Glück erfahren,
Ehre lernen,
Würde wahren,
Kind besternen.

Liebesgedicht

Du bist der Tag,
und ich bin die Nacht,
das, was ich wag',
was du entfacht'.

Du bist das Meer,
und ich das Land,
ganz ohne Wehr,
ohn' Unterpfand.

Du bist die Sonne,
und ich der Mond,
gleißende Wonne
im Himmel thront.

Du bist die Dunkelheit,
und ich das Licht,
das für lange Zeit
durch Wolken bricht.

Zwei Gegensätze
sich befruchten, ergänzen.
Gefundene Schätze,
abgesteckte Grenzen.

Lieben

Lieben – keine Einbahnstraßen,
in denen man in eine Richtung fährt,
sondern Kreuzung, auf der man gelassen,
dem anderen die Vorfahrt gewährt.

Lieben – keine Autobahnen,
man rast an Gefühlen blind vorbei,
sondern Tasten und Erahnen,
zu zweit und trotzdem frei.

Lieben ohne Hinweisschilder:
Tue dies, unterlasse das!
Ein Fingerzeig, ein milder,
sorgt für rechtes Augenmaß.

Lieben mit vielen Kehren,
Neues um die Ecke biegt.
Im Vakuum, im Sich-Entleeren
hat sich die Fülle angeschmiegt.

Lebensreise

Zur Abfahrt steht dein Zug bereit,
die Weichen sind gestellt.
Am Bahnsteig endet dein Geleit,
fährst allein in deine Welt.

Du steigst ein, suchst einen Platz,
der Schaffner gibt das Signal.
Vielleicht findest du einen Schatz,
der für dich ist ein Fanal.

Menschen steigen ein und aus,
fahren eine Weile mit dir,
von einigen bekommst du Applaus,
heben dich auf ihr Panier.

Endlich hast du den Ort erreicht,
der Endpunkt ist und Ziel.
Von jemandem wirst du erwartet dort,
du hoffst, doch erwartest nicht viel.

Huldvoll man dich in die Arme nimmt,
du lässt dich fallen in den Schoß,
man ist aufeinander eingestimmt.
Die Welt lässt du nun los.

Kein Weg zueinander

Wir stehen Rücken an Rücken,
schaue dir trotzdem ins Angesicht.
Ich baue dir viele Brücken,
betreten kannst du sie nicht.

Wir sitzen uns gegenüber
und blicken uns nicht an.
Gedanken wandern vorüber
nach ungenauem Plan.

Wir gehen Seite an Seite
und sprechen kein einziges Wort.
Eiskaltes Schweigen uns begleitet
und dauert fort und fort.

Wir liegen nebeneinander,
sind aber meilenweit getrennt.
Wir finden nicht zueinander,
weil man sich zu gut kennt.

Wir wollen es alle beide,
aber die Mauer ist riesengroß.
Wir sind eins in unserem Leide,
ich lasse dich endlich los.

Gebet

Du warst bei mir,
als das Herz schlug bis zum Rand,
ich ließ mich fallen,
du hieltest meine Hand.

Du warst bei mir,
als die Traurigkeit übergroß,
ich weinte,
ließ mich gleiten in deinen Schoß.

Du warst bei mir,
als die Einsamkeit mich zerfraß,
wir sprachen,
auf dich ist immer Verlass.

Du warst bei mir
Und wirst es auch in Zukunft sein,
ich bete, lasse dich zu mir herein.

Keller der Seele

Ich will in den Keller der Seele steigen,
will verborgene Schätze heben,
die in stetem Aufwärtsneigen
grünen, wachsen, mich beleben.

Ich will die dunklen Räume aufsuchen,
will erkunden ihre Ecken,
dort, wo lagern Wein und Kuchen,
kann mich dahinter verstecken.

Ich will mich stellen Versuchergewalten,
will vertrauen meiner Stärke, Kraft,
kann mich täglich neu entfalten,
mich entlassen aus hausgemachter Haft.

Kampf

Ich kämpfe,
besinne mich auf meine Kraft.
Faulige Dämpfe
lähmen das,
was Leben schafft.
Lieg´ ich am Boden,
stehe ich wieder auf.
In dem Maroden
keimt ein neuer Lebenslauf.

Ich und du

In unzähl´gen Stunden
hab´ ich es gelernt:
ich bin das Du
für mein Ich.
Gedankenstrich!

Gefunden hab´ ich
nun in dir mein Ich.
Welch himmlischer Bogenstrich!

Ich hatte mich aufgegeben,
war ich und du zugleich.
Welch Backenstreich!

Zurückgeworfen bin ich
wieder ganz auf mich.
Lanzen-, Bogen-, Himmelsstich!

Hochzeit

Blaues, kaltes Feuer
zieht dich in seinen Bann.
Tauendes Abenteuer,
blitzendes Rühr-mich-nicht-an.

Zweige, die sich verfingen,
haben den Teich sich erwählt,
mit Hunderten Eisringen
haben sie sich vermählt.

Hochzeit für kurze Dauer
diamanten-weich.
Eisig-kalte Mauer
im Erdwasserreich.

Herzkrank

Durch Dornen verletzt,
blutet aus das Herz.
Das Rot zerfetzt –
alltäglicher Schmerz.

Der Tau der Zeit
heilt die Schrammen.
Tränen als Geleit
dämpfen die Flammen.

Was sich angestaut,
sich freiwillig löst.
Wer dem Leben vertraut,
sich Hoffnung einflößt.

Herr, gib

Herr, gib,
dass meine kleine Kraft
in den Himmel geworfen
zu einem Vogel wird
mit großen Schwingen.

Herr, gib,
dass meine Hoffnung
als Steckling in die Erde gesetzt,
zu grünen beginnt
und zu einem Baum
mit ausladener Krone wird.

Herr, gib,
dass meine Liebe
als Kerze angezündet
zu einem Stern wird,
der auch in der Dunkelheit
sonnenhell leuchtet.

Amen.

Gold und Silber

Silbern angehauchte Nacht
machst Konturen weich.
Was den Tag schwer gemacht,
liegt im Schattenreich.
Wirft die Sonne gold´nes Licht
auf kühlen Morgentau,
sie sich in einem Tropfen bricht,
löst auf den Farbenstau.

Grenze

Grenze schwammig,
hundertflammig,
die Seele steckt im Stau.

In sich verkeilt,
sich nichts mehr teilt,
kein Ober-, Unterbau.

Was sich bewegt,
den Geist erregt.
Auf Veränderung ich bau´.

Gedenktag – 11. September 2001

Erdacht als Riesen,
geschmolzen zu Staub,
wächst aus den Krisen
neues, grünes Laub.

Ein Loch im Boden,
wo Leben einst war.
Gedanken roden –
Rettung in Gefahr.

Der Weltkreis geeint,
gedenkt der Toten.
Was Mitleid beweint
sind Freundschaftsboten.

Fundstücke

In dem See gefrorener Tränen
hat sich aufgelöst mein Sehnen.
In des Feuers züngelnden Laschen
kann ich Fetzen eines Traumes erhaschen.

In des Windes Flüstern, Rauschen
sich geheime Stimmen aufbauschen.
In den Schollen gebrochener Erde
finde ich Ende, Anfang – Werde!

Essstörung

Ausfüllen die Leere,
vergessen das Einsamsein,
gibt Essen der Schwere
ein Zusammensein.

Man will sich Gutes tun,
verwöhnt sich mit Speisen.
Die Seele soll sich ausruh'n,
schickt Kalorien auf Reisen.

Innen bist du hohl,
außen korpulent,
du ersehnst den Pol,
den jeder kennt.

Es ist alles in dir

Es ist alles in dir:
Was hilft dir beim Leben,
beim Wachsen und Streben?
Was treibt dich an?
Und was ist dein Wahn?

Es ist alles in dir:
die Liebe, der Hass,
das Chaos, das Maß,
die Freude, die Trauer,
die Enge, die Dauer.

Ist dein Ich in der Waage
in der Nacht und am Tage?
Wer hilft dir in Not?
Ist Erlösung der Tod?

Es ist alles in dir:
die Fülle, die Leere,
das Leichte, das Schwere,
der Alltag, der Trott,
der Himmel und Gott.

Erinnerung

Erinnerung –
geheimnisvolle Tiefe,
durchwanderte Lebensbriefe,
festgefahrener Traum.

Der Vergangenheit Stücke
zeigen mir die Lücke,
durch die ich schlüpfen kann zu ihr:
Schwarz-weiß-graue Feder,
Fotos, gefasst in Leder,
Blumen in vertrocknetem Strauß,
ich bin fern und doch zu Haus.

Erinnerung,
sie gibt mir Raum,
einen Monolog zu reden,
ein Seidentaft aus Altersfäden,
grün-erblassender Lebensbaum.

Einsamkeit

Einsamkeit, muss ich danke sagen,
weil ich von Zweien übrigblieb,
oder soll ich Neues wagen,
ich, durchlöchert wie ein Sieb?

Vieles ist durch mich geflossen:
Menschen, Zeiten, Hab und Gut,
hab´ zum Teil sie nur genossen,
Regen, Dürre – absolut.

Einsamkeit, öffnest du mir andre Welten,
machst mich sehend, machst mich frei.
Soll ich in luft´gen Höhen zelten?
Ich sag: „Ja, so schwer auch´s sei!".

Distanz

Ich fühle die Distanz
der ungesagten Worte
im hingehauchten: "Ach!".

Es quillt die Brisanz
der unbedachten Torte,
zum Strom wird ein Bach.

Wo ist die Substanz
hier und allerorten?
Was bleibt unter dem Dach?

Fülle aus die Vakanz,
komme mit Eskorten!
Ich bin müde und wach.

Die vier Elemente

O Seele,
verzehr dich!
Im Feuer,
im Verbrennen
reinigst du dich,
grünst neu!

O Seele,
hafte am Boden!
In der Erden,
im Verwurzeln
ist dein Standpunkt,
dein Halt!

O Seele
wachse empor!
In den Lüften,
im Leicht-Schweren
bist du endlos –
frei!

Oh Seele,
tauche ein!
Finde im Wasser,
im Fließen
das Ewige,
den Grund!

Die Kälte

Schlangengleich kriecht die Kälte empor,
erfasst, durchschüttelt das Ich.
Schwankend auf zartdünnem Rohr
gibt Frost den Schein-Herz-Todesstich.

Jagende Pulse, keuchende Atmung,
rasend schnell schlagendes Herz.
Gewitter, Sturm – Stille, Wandlung,
mal schwach, doch innen aus Erz.

Der Schmerz (Ballade)

Die Seele zum Körper spricht:
"Ich kann den Schmerz nicht halten,
er will empor an´s Tageslicht,
ich muss mich dehnen, entfalten.
Du, als mein allerbester Freund,
ich denke, du wirst mich verstehen,
er ist in dir gut eingezäunt;
kannst du mir noch widerstehen?"
Der Körper sagt mit leisem Ton:
"Deine Not ist mir bekannt,
ich hab es lang gesehen schon,
deine Saiten sind überspannt.
Kann ich mich dagegen wehren,
das Ende, es ist mir bewusst,
kann Schmerz mich Liebe lehren,
es dehnt sich aus meine Brust.
Gemeinsam können wir ihn besiegen,
gemeinsam sind wir stark,
wir lassen uns nicht unterkriegen,
trifft man uns auch bis ins Mark."
"Das lässt mich hoffen", die Seele spricht,
"Was auf zwei Schultern verteilt,
hat für beide weniger Gewicht;
ich hab mich schon abgeseilt."
"Es ist ja nur für kurze Zeit,
bitte gewähr mir diese Frist,
wir schaffen es gewiss zu zweit
mit gutem Willen, ohne List.
Erholt komme ich zurück zu dir,
du kannst mir voll vertrauen.
Deine Last nehme ich auf mein Panier,

du kannst auf mich zählen, bauen.
Damit du gesundest, will ich es tun",
der Körper zur Seele spricht,
„Ich kann mich später von Schmerzen ausruh´n,
ich lach ihnen in ´s Gesicht."

Der Narr

Wo ist der Mensch,
der die Wahrheit sagt,
die niemand sonst auszusprechen wagt?
Wo sind die Toren,
die Mut besitzen
in ihres Geistes-Lebensritzen?
Wo sind die Narren,
die sich entsetzen,
mit scharfen Worten Messer wetzen?
Sie zeigen der Welt nie ihr eigenes Gesicht,
wenn sie unverblümt zu ihnen spricht.
Sie verstecken sich hinter Worten, Scherzen,
wenn ihre Wunden sie allzu schmerzen.
Sie lachen und weinen, gaukeln und singen,
weil sie sich immer mit Leid beringen.
Sie haben alles Schwere kennengelernt,
der Himmel sie nun mit Güte besternt.

Der Mond

Silbriger Strahl
du schwimmst auf Wellen
Mondscheinopal
im Wasser ausquellen.

Der Mond, eine Leiter
vom Himmel zum Land,
ein Sternenbegleiter
im Liebesgewand.

Depression – Aggression – Invasion – Frieden

Depression
- niedergedrückt,
- vom Leben abgerückt,
- alles geht an dir vorbei,
- Menschen, Sachen einerlei.

Aggression
- angriffsbereit,
- für Menschen Leid,
- sie können sich schlecht dagegen wehren,
- Glück und Frieden sie begehren.

Invasion
- überfallen werden,
- Krieg auf Erden,
- Menschen sich morden,
- sie bekommen Orden.

Frieden
- allerhöchstes Glück,
- immer vorwärts, nie zurück,
- Harmonie mit allen,
- auf Erden Frieden, Wohlgefallen.

Der Augenblick des Glücks

Halt den Augenblick des Glücks ganz fest,
bewahr ihn gut in deinem Herzen,
wirf ihn nicht frühzeitig aus dem Nest,
er wird dir helfen im Leid und bei Schmerzen.

Halt den Augenblick des Glücks ganz fest,
er kommt von Süd´ oder auch von West,
er wird bleiben in deiner Erinnerung
und dich erhalten froh und jung.

Halt den Augenblick des Glücks ganz fest,
halt ihn mit deiner Hand umschlossen,
er ist von der Seligkeit der Rest,
die du einst hast genossen.

Der Akku

Bin ich der Eimer
für deinen Müll,
in den du dich entleerst,
ein Hauch von feinem weißen Tüll,
mit dem du mich beschwerst.

Bin ich dein süßes Kuscheltier,
ein ausgestopftes Wesen,
die Wärme, die dir Elixier,
an der du kannst genesen.

Bin ich der Akku, der immer voll,
nie nimmt und immer gibt.
Bin ich auf deiner Seite das Soll,
das dich zu sehr liebt.

Ich fühl' mich leer und ausgebrannt,
ich renne, schreie, flüchte.
Ich spüre letzten Widerstand.
Ach, herb sind Liebesfrüchte.

Das schwarze Schaf

Ich wäre gern ein schwarzes Schaf,
das lieber muh macht als mäh,
nicht ein Mensch, der immer brav
lebt in einem Zwangspalais.

Ich tanzte gerne aus der Reihe,
wär´ anderen einen Schritt voraus.
Ich wäre gern der Freie,
der nicht buhlte um Applaus.

Ich spielte gern mit vielen Geigen,
die fiedeln auch einen falschen Ton,
mit vielen Menschen, die nicht schweigen
ohne äußeren, aber mit innerem Lohn.

Ich wäre gern ein heller Stern,
der seine Bahn verlässt,
ein Molekül, das im Kern
Spuren der Liebe hinterlässt.

Das schwarze Loch

O schwarzes Loch,
du ausgeglühter,
erloschener Stern,
du saugst in dich alle Kraft.
Ach, könntest du doch
in deinem Kern
austreiben neuen Saft.

Das Labyrinth

In des Labyrinthes Mitte
sehe ich enden deine Schritte.
Am Anfang Irrwege stehen,
sie dich hindern am Weitergehen.
Immer dich das Grün umgibt,
als Hoffnung für Menschen, die du geliebt.

Die Hecken versperren dir die Sicht,
das Wirre bekommt ein Übergewicht.
In den Sträuchern, du die Vögel hörst.
Allein mit dir, du dich selber störst.

Nicht immer kommst du gleich auf den richtigen Weg,
weil allzu groß des Lebens Hypothek.
Doch du wirst finden seine Mitte,
als Lohn die Übersicht der Tritte.

Du wolltest hineingehen, um dich selber zu finden,
um dich auszuloten, dich zu ergründen.
Das Ziel, du hast es endlich erreicht,
weil du dich auf die Liebe geeicht.

Das Haus

Die Wände atmen Leere,
die Türen fühlen Leid,
die Fenster verleihen der Schwere
ein leichtes, luftiges Kleid.

Der First, der Überblender,
zeigt der Welt sein Gesicht,
der Schornstein, der Vollender,
spuckt aus, was gebricht.

Die Mauern halten umschlossen
einen dunklen, hohlen Raum,
in den das Licht geflossen
als Himmels-Liebesschaum.

Blicke, Worte, Arme

Blicke auf dich gerichtet.
Komm! Sieh mich an!
Vergangenes abgelichtet –
ein neuer Plan.

Worte an dich gerichtet.
Komm! Hör mir zu!
Welten neu gewichtet.
Dahin die Seelenruh.

Arme ausgebreitet.
Komm! Tu den ersten Schritt!
Vergangenes abgeleitet –
ein Sturmes-Feuerritt.

Begegnung

Fahr´ ich aus meine Antennen,
lern´ ich dich kennen,
du setzt ein Zeichen,
ich greife es auf,
will nicht von dir weichen,
nehme Verletzungen in Kauf.
Doch du hast anderes im Sinn,
ich soll erkennen,
das ich du bin.

Aufbegehren

Erdrückende Ranke!
Immer nur Puppe sein
ohne Arme und Gesicht,
die man hält aus Liebe klein.
Zerstörendes Scherbengericht!

Stich in die Flanke!
Immer stellst du mich aus
im Schaufenster deiner Liebe,
durch Hintertüren schlüpf´ ich hinaus,
und fühle mich frei im Menschengeschiebe.

Unsichtbare Schranke!
Immer hinter dir stehen
deine hellblauen Schatten.
Gedanken verwehen
in herbstlichen Blumenrabatten.

Arten der Liebe

Die Worte brechen
aus erstickter Liebe.
In reißenden Bächen
unterdrückte Triebe.

Im Schmerz geboren
ein neues Erwachen,
was lang angefroren,
kann Feuer entfachen,
geschmückt mit Bändern,
verziert mit Kränzen,
an Luftgeländern
kann Liebe glänzen.

Angst

Das Magma der Angst
kriecht auf mich zu.
Mein Herz, es steht in Flammen.
Ich erstarre in Grabesruh,
bündle meine Kräfte zusammen.
In einer Minute zieht sie vorbei,
die Vergangenheit des Ichs
ist lautloser Herzensschrei
des Gedanken-Bogen-Strichs.

An die Sterbenden, Toten

Im Tod ihr eine Grenze überschreitet,
das Flücht´ge sich zum Ew´gen weitet.
Himmel wird in das Dunkel scheinen,
sich mit dem Göttlichen vereinen.

In Liebe werdet ihr empfangen,
zu neuem, sel´gem Glück gelangen.
Auf einer anderen Ebene ihr weiterlebt,
wenn ihr körperlos auf- und niederschwebt.

Der Tod ist des Lebens Wendung:
Reife, Neubeginn – Vollendung.

Alptraum

Meine Hände in Lederschlaufen,
meine Füße an Chrom geschnallt,
ich möchte und kann nicht laufen,
um mich ist es öd und kalt.

Meine Augen aufgerissen,
zugepflastert ist mein Mund,
lautlos wein´ ich in mein Kissen
in dieser meiner Höllenstund.

Riemen schneiden mir ins Fleisch,
ich möchte vor Schmerzen schreien,
doch stumm ist mein Gekreisch´.
Ach, könnt´ ich mich doch befreien.

Alkoholismus

Faulige Beziehung,
abgenutzt, morsch und hohl,
schimmlige Verbeugung –
Flucht in den Alkohol.

Aus dem Boden wachsen Straßen,
führen ins öde, einsame Nichts,
die alle Lebenslust zerfraßen
der Ausweglosigkeit angesichts.

Zeitzonen überschreiten –
Triumph der Langsamkeit –
die Zersetzung begleiten –
ABC der Grenzenlosigkeit.

Man schmeckt tausend Gesichter,
hört ihren fragenden Blick,
sieht aufblitzen die Lichter,
fühlt den Dämon im Genick.

Abzählreim I

rot-blau, gelb-grün,
Veilchen blüh´n,
gelb-grün, rot-blau,
im Magen flau,
das Herze schwer,
liebeleer,
blau-gelb, rot-grün,
Phantasien,
blau-grün, gelb-rot –
tot.

Abgang von der Bühne

Applaudiert, wenn ich die Bühne verlasse,
gewährt mir weinend Ovationen!
Seid gnädig, wenn ich den Einsatz verpasse,
mich erwarten der Geister Legionen.

Werft mir bunte Blumen zu Füßen,
bleibt einige Zeit noch bei mir!
Tränende Augen mich liebend grüßen,
schwarzes Kreuz auf einem Papier.

Alles, was bleibt: Erinnerung,
in der ich weiterlebe.
Träume als Gedankensprung,
ich strahle, zittere – schwebe!

Kapitel 2 – Inselträume

Morgen am Meer

Die Sterne sterben,
verschleiertes Licht.
Strahlen umwerben
des Tages Frühschicht.

Silberne Schuppen
auf gleißendem Meer
sich golden verpuppen
mit ew´ger Wiederkehr.

Was nachts geschlafen
wieder erwacht.
Der Tag – ein Hafen,
die Hoffnung entfacht.

Wind und Wellen

Winde tanzen wild
mit schäumender Gischt,
für Menschen ein Schild,
die Hoffnung verwischt.

Verzehrend kreist die Welle,
wirft sich auf das Land;
abkehrend von der Quelle –
Lebens-, Liebesunterpfand.

Am Meer

Rollende Wogen
mit schäumender Gischt –
überbrückender Bogen,
vom Meer aufgetischt.

Sich wiederholende Wellen
im Meer und im Sand
ein Gleichmaß erhellen,
dessen Ursprung bekannt.

Wechselnde Gezeiten
im Kreislauf des Lebens
die Seele begleiten,
wir hoffen zeitlebens.

Auf den Wellen

Funkensprühendes Gold
reitet auf den Wellen.
Was der Seele abhold,
tut die Nacht erhellen.

Seele tauche hinein
in den silbrigen Schlund,
suche das Weiche im Stein,
öffne den Purpurmund!

Beladene Schiffe

Des Alltags beladene Schiffe
umrunden der Einsamkeit Riffe,
stechen hinaus in die offene See.

In ihrem Rumpf verborgen
Schätze, Hausstand, Sorgen,
das ganze seelische Weh.

Sie sind auf einer Überfahrt
in die Zukunft aus der Gegenwart,
begleitet von einer Fee.

Das Meer und ich

Das Meer täglich zu mir spricht
durch sein Rauschen mit Graugesicht.
Es mir seine Macht offenbart,
gleicht einem schleichenden Leopard,
der immer vorwärts drängt,
und mich in eine Ecke zwängt,
gleicht einem lauernden Gepard,
der lauernd seiner Beute harrt.
Der Wind als säuselnder Begleiter,
als Sturm-Gewitter-Vorbereiter
flüstert mir kraftvoll ein:
Wenn wir wollen, wir dich ergreifen,
dich mit Salz und Kälte einseifen.
Ein Spielball bist du für unsere Kraft,
doch heute bist du entlassen aus unserer Haft.

Die Flut spuckt auf den Strand

Die Flut spuckt auf den Strand:
Muscheln, Bernstein, Schnecken,
kann mit Meeresverstand
Phantasiewelten wecken.

Möwen schreien über Prielen,
stürzen herab in steilem Flug;
Kinder finden beim Spielen
ihren geist´gen, vollen Krug.

rechts-, linksdrehende Gehäuse,
Schalen auf- und angepickt.
Der Kinderwelten Schleuse
ist mit Meer und Wind bespickt.

Die Brücke

Das Auge schaut,
eine Brücke es baut
vom Meer zum Land,
sucht Widerstand.

Das Ruder in der Hand
fixiert der Blick das Ziel.
Aufbruch, Ankunft – Stand
nach Sturmes-Wellenspiel.

Ebbe und Flut

Ebbe und Flut der Gesichter,
als Freundschaft, Liebe angeschwemmt.
Das Leben, ein heilsamer Trichter,
macht frei, entschlossen und gehemmt.

Viele kommen, viele gehen,
manche riss fort ein Sog.
Was bleibt für immer bestehen?
Ein ewig währender Dialog.

Haus am Meer

Ein Haus in der Welt,
im Grünen, bemoost,
ans Meer hingestellt,
von Stürmen umtost.

Im Haus eine Welt –
geborgener Schoß,
in der aufgehellt
das Schwere wird groß.

Jugenderinnerung

Strandgut, Muscheln, Schnecken
leihweis´ auf ´s Land gespült,
Kindheitsträume wecken,
die teilweis´ unterkühlt
aus dem Seelengrunde
tauchen auf, gehen an Land.
Jugendbilder –
gefunden am Strand.

Juist

Peitschende Stürme,
tanzende Wellen,
hochaufschäumendes Meer.
Leuchtende Türme
das Dunkel erhellen,
Ausfahrt, Stillstand – Wiederkehr.

Der Wind spielt mit den rollenden Wellen,
schäumt sie auf, wirft sie auf´s Land,
sie sich dem Sand hinzugesellen,
weich, schmiegsam, ohne Widerstand.

Spaziergang am Meer

Prickelnde Haut,
stechender Sand,
Welt anvertraut,
Sturmesgewand.

Haare zerzaust,
Spuren verweht,
Meer aufgebraust –
Elemente beredt.

Trotze dem Winde,
stell´ mich entgegen,
Himmelsangebinde
die Seele erregen.

Gefühle – Erregung

Sich kräuselnde Wellen,
sich türmende Wogen,
aus tiefen Quellen –
eingekerbter Bogen.

Durchschütteltes Sein,
von Gefühlen durchbohrt,
ausgehöhlter Stein,
wirft Splitter über Bord.

Erregung will landen.
Werde ruhig, leise!
Lass sie versanden
als Liebes-Götterspeise.

Meer, Luft, Erde, Feuer

Meer, du trägst,
liebkost mich,
nimmst mich auf.
Gleitend in dir
ich vorwärts treibe.

Luft, du schmeichelst,
streichelst,
belebst meinen Sinn.
dich einatmend
ich aufwärts strebe.

Erde, du,
mein Widerstand
gibst mir Halt.
Auf dir stehend,
kann ich nicht versinken.

Feuer, du,
reinigst, läuterst,
dringst in mich.
Mich verzehrend,
kann ich Neues gebären.

Strandimpressionen

Häuser, geduckt hinterm Deich.
Licht macht die dunkle Wolke weich,
die übereinander getürmt,
gehetzt durch den Himmel stürmt.

Tiere, Pflanzen in der Düne
agieren auf des Meeres Bühne;
spielend in den Gräserkulissen
sie die karge Fahne hissen.

Menschen suchen Stille, Weiten,
bei den ewigen Gezeiten.
Der Geist geklärt, befreit von Schlacken
kann Neues aufgehen, wachsen, sacken.

An der See

See – leicht kräuselnd,
Wind – sanft säuselnd,
Gräser sich wiegend,
Vögel auffliegend,
Bäume – Windflüchter,
Wolken – Gesichter.

Die See riecht

Die See riecht,
die Welle kriecht
vom Meer aufs Land
sucht Widerstand.

Die Möwen schreien,
sie sich befreien
von innerem Druck,
vom Meeresspuk.

Der Mensch an der See,
gelindert das Weh.
Im Salz spürt er Süße,
Grund für die Füße.

Auf der Insel

Unendliche Weite,
der Himmel küsst das Meer.
Ich mich bereite
auf Gehen, Wiederkehr.

Unendliche Fernen,
die Sonne taucht auf, versinkt.
Hinter den Sternen
ist dein Leben eingeklinkt.

Unendlicher Himmel,
mit Sonne und Regen bestückt,
mit Wolkenschimmel
ist deine Erdenreis´ geglückt.

Das Wasser hat Sterne vom Himmel geholt

Das Wasser hat Sterne vom Himmel geholt,
sie tanzen auf seinen Wellen.
Ihr Gleißen hat den Schatten umpolt,
betritt des Lichtes Schwellen.

Mondstrahlen im Meer versinken
als funkelndes, breites Band.
Wir aus silbernem Becher trinken,
ihn ausschöpfen bis zum Rand.